COLLECTION D'AFFRY

Troisième Partie

LITHOGRAPHIES

ET

EAUX-FORTES MODERNES

ENVIRON

6,000 PIÈCES EN LOTS

DONT LA VENTE AURA LIEU

HOTEL DROUOT

SALLE N° 4, AU 1er ÉTAGE

Le Jeudi 3 Juin 1869

A UNE HEURE PRÉCISE

M° **DELBERGUE-CORMONT**, Commissaire-Priseur,
rue de Provence, 8,

Assisté de M. **CLEMENT**, M^d d'Estampes de la Bibliothèque impériale,
rue des Saints-Pères, 3.

PARIS — 1869

RENOU ET MAULDE

IMPRIMEURS DE LA COMPAGNIE DES COMMISSAIRES-PRISEURS

Rue de Rivoli, 144.

COLLECTION D'AFFRY

Troisième Partie

LITHOGRAPHIES

ET

EAUX-FORTES MODERNES

ENVIRON

6,000 PIÈCES EN LOTS

DONT LA VENTE AURA LIEU

HOTEL DROUOT

SALLE N° 4, AU 1er ÉTAGE

Le Jeudi 3 Juin 1869

A UNE HEURE PRÉCISE

Me **DELBERGUE-CORMONT,** Commissaire-Priseur,
rue de Provence, 8,

Assisté de **M. CLEMENT,** M^d d'Estampes de la Bibliothèque impériale,
rue des Saints-Pères, 3.

PARIS — 1869

CONDITIONS DE LA VENTE

Elle sera faite au comptant.

Les Acquéreurs paieront, en sus des adjudications, CINQ POUR CENT applicables aux frais.

L'Expert dirigeant la Vente aura la faculté de diviser les lots.

DÉSIGNATION

1 **Bellangé** (H.). Pièces tirées d'Albums. — Croquis
divers. — Titres de Romances, etc., etc. 53 pièces.

2 — Départ pour Rambouillet. — Les Gardes de la
Porte, etc., etc. 8 pièces.

3 — Costumes militaires. 64 pièces.

4 **Bonington.** Caen. Deux Enfants jouent avec un
chien sur les degrés d'une porte gothique murée.

5 — Bergues. La Tour du marché. — Caen. Maison
grande rue Saint-Pierre. — Église Saint-Sauveur. —
Rouen. Entrée de la salle des Pas-Perdus. — Cathé-
drale Notre-Dame. 5 pièces.

6 — Le Silence favorable. — Le Retour. — Le Repos.
La Conversation. — Les Plaisirs paternels. — L'Afri-
caine. 6 pièces sur chine.

7 **Calame** Paysages divers. Vues de la Suisse, etc.
32 lithographies; plusieurs sont imprimées à deux
teintes.

8 — Paysages divers. 29 pièces gravées à l'eau-forte.

9 **Charlet** (N.-T.) Napoléon à Iéna. Épreuve avant la
lettre sur chine; plusieurs épreuves avec la lettre.

10 — La Bienvenue. (R.).

11 — Lanciers au bivouac (R. R. R.).

12 — Siége de Saint-Jean-d'Acre.

13 — Promenade à Belleville de Mme Durand, Coco,
Fifine, Azor, Polichinelle et M. Durand. — Papa,
Nanan, Papa, Caca. 2 pièces.

14 — Au commandement de Halte! — Au commandement de pas d'Observation! 2 pièces faisant pendant.

15 **Charlet.** Les mêmes pièces, dont une sur chine.

16 — Le Grenadier de Waterloo. Rare.

17 — Ils sont les Enfants de la France. — L'Intrépide Lefèvre. 2 pièces.

18 — L'Allocution (28 juillet 1830). — Le Gamin éminemment et profondément national. — L'Insubordination. 3 pièces.

19 — Honneur au Courage malheureux. — Le quartier général, etc. 4 pièces.

20 — Jeune j'avais des dents et pas de pain.—Soyez plutôt Maçon, etc. — Est-ce un Dindon, etc., etc. 28 pièces.

21 — Garde nationale de Paris : Grenadier, Chasseur. — Infanterie légère : Voltigeur, etc., etc. 11 pièces.

22 — L'Empereur et la Garde impériale. Suite de 48 pièces coloriées ; plus, 14 pièces de la même suite en noir.

23 — Croquis divers, pièces tirées d'Albums et autres. 40 pièces.

24 — Sujets d'Albums. 25 pièces ; beaucoup sont sur chine.

25 — Sujets d'albums et autres. 148 pièces.

26 — Croquis divers, sujets tirés d'albums. 56 pièces.

27 — Sujets tirés d'albums, parmi lesquels le Bulletin de Navarin. 55 pièces.

28 — Sujets d'albums. 96 pièces.

29 — Croquis à l'estampe, au vernis mou et à l'eau-forte. 43 pièces.

30 — Croquis au vernis mou et en manière noire. 57 pièces.

31 — Croquis divers, pièces tirées d'albums. 104 pièces.

32 — Sujets tirés d'albums, pièces gravées à l'eau-forte 140 pièces.

33 — Croquis et sujets tirés d'albums et du journal l'Artiste, parmi lesquels se trouve le Bulletin de Navarin. 27 pièces.

34 **Charlet** ET **Jaime**. Prise du Palais-Royal. — Com
bat de la rue Saint-Antoine. — Le Peuple à la ca-
serne des gendarmes. 3 pièces sur chine.

35 **Decamps**. Les Anes sous le toit. Épreuve sur chine,
avant la publication dans le journal l'Artiste, à l'eau
forte.

36 — La même pièce. Même état.

37 — Les deux Chiens. Épreuve sur chine, tirée du
journal l'Artiste.

38 — Bataille de Mondovi. — Bataille d'Aboukir. 2 pièces
dont une avant la lettre ; plus les mêmes pièces, épreuves avec la lettre.

39 — Le Savoyard et le Singe. 2 épreuves.

40 — Cahier publié chez Giraldon Bovinet, à Paris ; à
Londres, 1er août 1829, chez M. Lean, 26, Hay-Market.
Suite de 6 pièces numérotées sur chine.

41 — Sujets de chasse par Decamps, publiés et imprimés
par Gihaut frères. 10 pièces et un titre ; plusieurs sont
avant les numéros.

42 — Croquis par Decamps, 1830, publiés par Gihaut
frères. Suite de 12 pièces numérotées ; plusieurs sont
sur chine.

43 — Titres de Romances. 8 pièces, dont deux par Ca-
mille Roqueplan.

44 — Six pièces de la même suite.

45 — Différents sujets publiés dans le journal l'Artiste.
22 pièces.

46 — Le pieu Monarque.

47 — Eh! Camarade, on n'entre pas en veste ici.

48 — Arrêt de la Cour prévôtale. Extrait du journal la
Caricature.

49 — Classe de français. M. Contrarius.

50 — Grands Sauteurs. Extrait du journal la Caricature.

51 — Voilà ce qui vient de paraître.

52 **Decamps.** Une pauv' petite préfecture, s'il vous
plait. Deux épreuves, dont une sur chine.

53 — La France pleure les victimes.

54 — Cul-de-Lampe publié dans le livre d'or de Curmer.

55 — Un Turc debout dans un intérieur. Essai fait à la
manière noire par Decamps. Épreuve sur chine.

56 — Un Corps de garde. Salon de 1834. Sur chine.

57 — Neuf pièces tirées du journal l'Artiste, par Colli
gnon. Laroche et autres.

58 **Decamps. Charlet, Isabey,** etc. Croquis par
divers artistes. 50 pièces.

59 **Delacroix** (E.). Lionne déchirant de ses ongles la
poitrine d'un Arabe étendu sur le dos. Gravure au
vernis mou, 1er état, avant la publication dans l'Artiste. — Groupe d'animaux, etc. 5 pièces.

60 — Jane Shore, acte V, sc. 11me, avec le texte anglais.
— Hamlet, acte V, sc. 1re, avec le texte anglais.
2 pièces faisant pendant, sur chine.

61 — Hamlet. Treize sujets dessinés par Eug. Delacroix.
Paris, Gihaut. Suite datée de 1834, 1836, 1843. Épreuves
sur papier blanc.

62 — Lion de l'Atlas. — Tigre royal. 2 pièces faisant
pendant, imprimées chez Gaugain. Épreuves avec
l'adresse effacée.

63 — Cheval effrayé traversant une rivière. En bas, vers
la gauche. Eug. Delacroix, décembre 1828. Rare.

64 **Dupont** (H.) École turque, d'après Decamps. —
Portrait de Coiny. — Carle Vernet, Alfred de Musset,
par Pollet, d'après Landelle. 4 pièces.

65 **Fielding.** Croquis divers, publiés et imprimés par
Gihaut frères en 1829. 10 pièces et un titre sur chine.

66 — La même suite.

67 — Études de différents animaux. Suite de 24 pièces,
imprimées par Delpech.

68 **Fielding** (N.). Oiseaux de proie et autres animaux. Suite de 12 pièces imprimées chez Motte, sur chine. — Sujets de chasse. Suite de six pièces imprimées par Gihaut frères, et publiées à Londres en 1829. En tout 18 pièces.

69 — Sujets tirés des Fables de Lafontaine. 22 pièces.

70 — Pièces diverses à l'eau-forte et en manière noire. 60 pièces.

71 **Gavarni**. Politique des Femmes. 26 pièces.
Paris le soir. 4 pièces.
Les Actrices. 24 pièces.
Des Phrases. 11 pièces.
Industries d'enfants. 4 pièces.
OEuvres nouvelles. 29 pièces.
Pièces diverses. 64 pièces.
Pièces gravées sur bois. 300 pièces.

72 — Pièces tirées du journal l'Artiste. 40 pièces.
Nuances du Sentiment. 7 pièces.
Leçons et Conseils. 9 pièces.
Journal de France. 3 pièces.
Titres de Romances. 3 pièces.
Fashionables. 7 pièces.
Les Lorettes. 6 pièces.
Le Carnaval à Paris. 43 pièces.
Album de l'Infini. 4 pièces.
Amours. 5 pièces.
Boîte aux Lettres. 8 pièces.
Petits Jeux de société. 9 pièces.
Impressions de Ménage. 9 pièces.
Débardeurs. 26 pièces.
Pièces parues dans le journal la Caricature. 33 pièces.
Petits Travestissements. 3 pièces.
Physionomie des Chanteurs. 78 pièces.
Études d'Enfants. 18 pièces.

Jeunesse de J.-J. Rousseau. 6 pièces.
Les Étudiants de Paris. 25 pièces.
Journal des gens du monde. 14 pièces.
Travestissements. 12 pièces.
Vie de jeune homme. 19 pièces.
Les Enfants terribles. 19 pièces.
Masques et Visages. 80 pièces.

73 **Géricault** (J.-L. Th. André). Passage du mont Saint-Bernard. — Marche dans le Désert. — Siége de Saint-Jean-d'Acre, par Charlet. 4 pièces, dont une double.

74 — Études de Chevaux d'après nature, publiées par Gihaut. Suite de 12 pièces dont nous n'avons que 10, plus 5 pièces tirées de différentes suites; en tout 15 pièces.

75 — Dix pièces tirées de différentes suites.

76 — Suite des grands Chevaux imprimés par Villain, publiés par Gihaut en 1822. 11 pièces.

77 **Géricault** et E. **Lami**. Lara. — Mazeppa. — La Fiancée d'Abydos. — Lara blessé. 4 pièces.

78 **Granville**. Caricatures politiques tirées du journal la Caricature. 30 pièces.

79 — Les Métamorphoses du jour. — Principes de grammaire. — Galerie mythologique, etc., etc. 59 pièces.

80 **Gros** (A.-J.). Chef des Mamelucks appelant du secours. Épreuve avant le nom de Gros, plus une épreuve avec le nom. 2 pièces.

81 **Guérin, Hersent** et autres. Le Repos du monde. — Ruben et Bala. — La Courtisane amoureuse, etc., etc. 17 pièces.

82 **Ingres**. Quatre Seigneurs de la cour de Bourgogne causent assis dans des chaires à haut dossier. Ingres, 1825. Cul-de-Lampe pour le voyage en Franche-Comté du baron Taylor. — L'Odalisque.

83 **Lamy** (Eugène). Un Cheval ombrageux. — La Prière
   du soir. — Livrée du roi d'Angleterre, etc., etc.
   10 pièces.

84 **Lemud** (A. de). Maître Wolfrang.

85 — Pièces diverses tirées du journal l'Artiste. 16 pièces.

86 **Monnier** (H.). Mœurs administratives. — Les petites
   Félicités humaines. — Esquisses parisiennes, etc., etc.
   58 pièces.

87 **Raffet** (Denis-Auguste-Marie). Costumes militaires.
   41 pièces.

88 — La Revue nocturne. Épreuve sur petit papier de
   chine.

89 — La même pièce.

90 — Le Réveil. Épreuve sur petit papier de chine.

91 — Grande revue passée par la Caricature, le 30 oc-
   tobre 1832.

92 — Pièces tirées : d'Albums, du journal l'Artiste, de
   différents Voyages, Croquis divers, titres de Romances, etc., etc. 62 pièces.

93 — Voyage dans la Russie méridionale et la Crimée, etc.,
   exécuté en 1837, sous la direction de M. A. Demidoff.
   Quatre-vingt-quinze pièces, dont beaucoup de doubles ; sur petit papier de chine.

94 **Robert** (L.). Jeune Femme assise tenant son enfant.
   — Femme assise dans la campagne. — La Prédiction.
   — Une Suissesse. — Le Repos du Pâtre. — Le joueur
   de Mandoline. Six pièces dont 3 avant la lettre.
   Quatre doubles des pièces précédentes.

95 — Le Repos du Pâtre. — Jeune Suissesse. — Le Joueur
   de Mandoline. 15 pièces, dont beaucoup de doubles.

96 **Scheffer**. Le Départ. — Le Retour. — L'Antiquaire.
   — Le jeune Malade. — Le vieux Pâtre. — La Conva-
   lescence d'une mère. — La Déclaration. — Allons ! —
   Marton. 9 pièces, dont plusieurs sur chine.

97 — Sept doubles des pièces précédentes.

98 **Sudre.** Vitraux de la Chapelle funéraire de Dreux, d'après Ingres. 17 pièces.

99 — Vingt-sept doubles des pièces ci-dessus.

100 **Valério.** Études de Croquis retouchés et rehaussés pour servir à l'étude de l'aquarelle. Suite de 18 pièces. plus 30 pièces tirées de différentes suites; en tout 48 pièces.

101 **Vernet** (C.). Les différents Métiers ou cris de Paris. 135 pièces, dont beaucoup de coloriées.

102 — Sujets de Chasse. — Courses de Chevaux. — Caricatures, etc., etc. 91 pièces.

103 — Fables de Lafontaine et autres. 89 pièces.

104 — Études et Courses de chevaux. 99 pièces.

105 **Vernet** (H.). Son OEuvre en 164 pièces. dont beaucoup avant la lettre.

106 — 84 pièces doubles de l'OEuvre précédent.

107 — La Vie d'un Soldat. Suite de 5 pièces.

108 — Sous ce numéro seront vendues environ 6,000 lithographies et gravures diverses, vignettes pour illustration, titre de musique, etc., etc., etc.

RENOU et MAULDE, imprimeurs de la Compagnie des Commissaires-Priseurs, rue de Rivoli, 144.   24093